다른 사람은 있어도, 틀린 사람은 없어!

다른 사람은 있어도, 틀린 사람은 없어!

글 김윤정 | 일러스트 권기현

쉼 어린이

책을 읽기 전에

이 세상에 똑같은 사람은 없습니다. 생김새나 말투, 성격 등 많은 부분에서 차이가 납니다. 그런데도 그 차이를 인정하지 않고, 차별하려는 사람들 때문에 지금 우리 사회는 병들어가고 있습니다.

차별은 소수자와 약자(장애인, 이주외국인, 새터민, 성 소수자)에 대한 차별을 비롯해 인종 차별, 남녀의 성차별에 이르기까지 다양합니다. 단지 차이가 날 뿐인데 왜 차별할까요?

언어, 또는 행동으로 드러난 차별은 상대에게 육체적 또는 심리적인 상처를 줍니다. 더군다나 최근에는 과학 기술의 발전으로 사이버 공간에서의 소통이 늘면서, 익명성에 기대어 서로를 혐오하는 사례가 늘고 있습니다. 심지어는 혐오가 범죄로 이어지는 심각한 상황이 발생하기도 합니다.

그래서 저는 그 심각성을 여러분들에게 알리고 함께 공감하고자 이 책을 쓰게 됐습니다.

지금까지 우리가 무심코 했던 말이나 아무렇지 않게 했던 행동들이 어떤 문제를 낳았는지, 또 차별 없는 세상을 위해서 앞으로 어떤 노력을 해야 할지 함께 이야기하고 싶었습니다.

부디 이 책이 '평등'과 '인권'이라는 가치에 대해 생각할 계기가 되길 바랍니다. 차별과 혐오의 마음을 버리는 것은 그리 어렵지 않습니다. 상대를 존중하면 되는 것입니다. 이 세상에 차별받아 마땅한 사람은 없으니까요. 이 세상 그 누구도 소외되지 않길 바랍니다.

마지막으로 이 책을 쓰기까지 격려와 용기를 주신 출판사 분들에게 고마움을 전합니다. 그리고 옆에서 지켜보고 응원해 주신 엄마와 선배, 하늘에서 웃고 계실 아빠, 환한 웃음으로 늘 함께해 준 사랑하는 남편에게 이 책을 드립니다.

감사합니다.

목차

CONTENTS

책을 읽기 전에 ... 5

Ⅰ. 조금 다른 게 뭐 어때서?

1. 피부색에 따른 차별
   – 우리 얼굴색은 왜 다르지? ... 17

2. 장애에 따른 차별
   – 휠체어에 앉은 게 왜 이상해? ... 29

3. 왜곡된 미(美)의 기준에 따른 차별
   – 쌍꺼풀 있는 큰 눈만 정답은 아냐 ... 40

4. 젠더에 따른 차별
   – 발레 하는 아름다운 남자, 격투기 하는 멋진 여자 ... 54

Ⅱ. 성(性), 그거 야한 거 아니에요?

1. 성의 의미와 개념 ... 64

2. 미디어가 다루는 성의 나쁜 예
- 여성의 성 대상화 ... 71
- 강압적인 스킨십 ... 75
- 어른스럽길 강요받는 아이들 ... 79
- 섹드립, 어디까지 표현의 자유로 봐야 할까? ... 86

3. 잘못된 인식이 범죄로까지
- 그냥 장난친 건데, 성범죄가 될 수 있다고요? ... 90

목차

CONTENTS

- #미투Me Too 운동 ... 98

4. 남녀 모두가 만족하는 성평등을 위해
우리가 가져야 할 태도 ... 103

Ⅲ. 말이 칼이 되는 순간들

- 장애인 혐오 표현 ... 110
- 젠더의 혐오 표현 ... 117
- 차별 없는 언어 ... 123

Ⅳ. 틀린 사람은 없어! 다른 사람만 있을 뿐

- 틀린 사람은 없어! 다른 사람만 있을 뿐 ... 130

part 1

조금 다른 게 뭐 어때서?

part I.
조금 다른 게 뭐 어때서?

여러분, 전 세계의 인구는 얼마일까요? 2019년을 기준으로 봤을 때, 무려 77억 명에 이른다고 합니다. 이 지구에는 정말 많은 사람이 살고 있네요. 그렇다면 우리는 이 많은 사람을 어떤 방법으로 구분할까요?

우리는 대개 '오감'이라 부르는 시각 · 청각 · 후각 · 미각 · 촉각의 감각 중 '시각'으로 가장 먼저 사물의 형태를 인식합니다. 물론 시각장애인의 경우 눈의 역할을 손으로 대신할 수도 있지만, 여기서는 시각적으로 인식하는 외모에 관해 이야기해보도록 할게요.

눈으로 인식할 수 있는 외모의 종류는 참 다양합니다. 피부색이나 키, 몸집, 얼굴 생김새는 물론이고, 장애와 비장애의 구분도 여기에 해당하죠. 이처럼 시각적으로 인식되는 외모의 종류는 너무도 다양하기 때문에 일란성 쌍둥이라 해도 완벽하게 같은 외모를 갖는 건 불가능합니다. 자세히 보면 눈 크기, 입술 두께, 다리 길이, 손 모양 등 어느 한 부분이라도 조금씩 다 다르니까요. 그럼 이 지구상에 존재하는 77억 명의 사람들은 전부 다른 외모를 가지고 있다는 이야기인데요.

그렇다면 우리는 '외모의 다름'을 어떻게 받아들여야 할까요?

1. 피부색에 따른 차별

우리 얼굴색은 왜 다르지?

여러분, 축구 좋아하나요?

K리그도 재미있지만, 다른 나라 선수들과 우리나라 선수들이 경기할 때면 특히 더 열띤 응원을 하게 됩니다. 2017년 11월에 치러졌던 대한민국과 콜롬비아의 축구 국가대표 친선 경기 때도 온 국민이 TV 앞에 앉아 열광적으로 응원 중이었죠.

그런데 이날 경기에서 작은 소동이 벌어졌습니다. 양 팀 선수가 부딪쳐 넘어지는 일이 있었는데, 그 와중에 콜롬비아 선수가 우리 선수의 유니폼을 잡아당긴 것이었어요. 이에 주장인 기성용 선수는 심판에게 항의했습니다. 그런데 그때 다른 선수가 기성용 선수에게 오더니, 양손으로 눈을 찢는 행동을 취했죠. 동양인의 외모적 특징 중 하나인 '작은 눈'을 비하하는, 전형적인 인종 차별 행동이었죠.

2014년 프리메라리가 바르셀로나 팀과 비야레알 팀의 경기에서도 비슷한 일이 있었습니다. 브라질 출신 다니엘 알베스 선수가 코너킥을 준비하고 있을 때였

죠. 그때 갑자기 관중석에서 누군가가 던진 바나나가 날아왔습니다. 유색 인종을 '원숭이'에 빗대어 조롱하는 인종차별주의자들이 자주 하는 행동이었어요. 하지만 알베스 선수는 이에 동요하지 않았습니다. 오히려 바나나를 주워서 아무렇지 않게 먹는 것으로 무례한 행동에 대응했죠.

단지 피부색과 얼굴 생김새가 조금 다를 뿐인데, 다르다는 이유만으로 상대를 무시하는 경우가 비일비재합니다. 애초에 지구상의 모든 사람이 같은 피부색과 비슷한 생김새를 가지고 있었다면 이런 일이 생기지도 않았을 텐데, 우리는 왜 이렇게 다른 외모를 갖게 된 걸까요?

인류의 출현에 관해 설명하는 '진화론'에 따르면, 그 기원은 약 300만 년 전에 생존했을 것으로 추정되는 '오스트랄로피테쿠스Australopithecus'입니다. 라틴어로 '남쪽의 원숭이'라는 뜻이죠. 오스트랄로피테쿠스의 등장 이후로는 도구를 사용하는 '호모 하빌리스Homo habilis'와 직립 보행 하는 사람이라는 뜻의 '호모 에렉투스Homo erectus', 호모 에렉투스의 후예인 '네안데르

탈Neanderthal인', 지혜로운 사람이라는 의미를 가진 '호모 사피엔스Homo sapiens', 그리고 인류의 직계 조상이라고 할 수 있는 '호모 사피엔스 사피엔스Homo sapiens sapiens'에 이르기까지 무수한 진화가 이루어졌습니다. 굉장히 복잡한 역사지만, 한 마디로 정리하면 '인류는 같은 조상을 갖고 있다'라는 이야기죠.

또 한 가지 재밌는 점은, 조상만 같은 것이 아니라 고향도 같을 수 있다는 건데요. 인류의 진화는 유럽과 아시아 등 여러 지역에서 진행됐지만, 그 시작점은 아프리카인 것으로 추정되고 있습니다. 남아프리카의 인류학자인 레이먼드 다트는 1924년 남부 아프리카에서 원시 인간인 오스트랄로피테쿠스의 두개골을 발견했고요. 영국의 인류학자 루이스 리키는 1959년 동아프리카 탄자니아의 올두바이 계곡에서 170만 년 전의 두개골인 진잔트로푸스를 찾아냈죠. 또 인류의 직계 조상이라고 할 수 있는 호모 사피엔스 사피엔스도 남 아프리카의 동굴에서 발견되었는데요. 이에 따라 학계에서는 인류의 발상지가 아프리카일 것이라는 추측을 하고 있습니다.

아프리카에서 발생한 인류는 전 세계 각지로 이동하기 시작하면서 그곳의 기후와 각종 환경에 적응하게 됩니다. 이 과정에서 백인종과 황인종, 흑인종 등 피부색이 다른 인종이 발생하게 된 것인데요. 그럼 정확히 어떤 이유 때문에 피부색이 나눠지게 된 것일까요?

피부색을 결정짓는 것은 바로, '멜라닌'이라는 색소입니다. 태양 볕을 받으면 우리 피부는 자외선으로부터 자신을 보호하기 위해 이 색소를 만드는데요. 멜라닌 색소의 양이 많으면 자외선을 효과적으로 차단할 수 있습니다.

자외선은 왜 차단해야 하냐고요? 자외선에 많이 노출되면 피부가 노화될 뿐 아니라 피부암 같은 병에도 걸릴 수 있기 때문입니다.

그래서 온종일 뜨거운 햇볕 아래에서 생활해야 했던 적도 부근의 인류는 많은 양의 멜라닌 색소를 만들도록 진화했어요. 특이한 것은, 멜라닌 색소가 많으면 많을수록 피부색이 어두워진다는 겁니다. 그래서 결과적으로 적도 부근의 사람들이 검은 피부를 갖게 된 것이죠.

그럼 백인과 황인은 어떤 과정을 거쳐 진화했을까요?

적도 부근을 제외한 나머지 기후에 사는 사람들은 어느 정도의 햇볕이 필요했습니다. 자외선에 너무 많이 노출되면 피부가 상하지만, 반대로 너무 부족해도 여러 가지 병에 걸릴 수 있기 때문입니다. 그 이유는 바로, '비타민 D' 때문인데요. 자외선을 쬐면 우리 몸은 비타민 D를 만들어냅니다. 그런데 만약 비타민 D가 제대로 만들어지지 않으면 구루병이나 골다공증, 당뇨, 그리고 우울증까지도 생길 수 있죠.

이런 이유로 인해, 온난한 기후에 터를 잡은 인류와 추운 극지방에 사는 인류는 적도 부근에서 생활하는 인류와 달리 '자외선을 흡수하는 쪽'을 택했습니다. 평소에도 일정량의 햇볕을 쬘 수 있는 온대 기후에 살던 인류는 멜라닌 색소를 적당히 만들어서 황인이 되었고, 좀처럼 햇볕을 쬐기 힘든 추운 곳에 살던 인류는 잠깐만 햇볕을 쬐도 자외선을 효과적으로 흡수할 수 있도록 멜라닌 색소를 아주 적게 만들었죠. 그 결과 피부가 하얀, 백인이 된 겁니다. 이와 같은 과정을 거쳐 흑인종과 백인종은 약 12만 년 전, 백인종과 황인종은 약 6만 년 전에 분화된 것으로 추정됩니다.

우리의 피부색이 다른 데에는 다 이유가 있었군요. 각자가 사는 환경에 맞게 '완벽한 진화'를 거친 것일 뿐, 어느 한쪽이 우월하거나 열등한 것은 절대 아니라는 걸 이제 아셨을 겁니다.

그럼에도 불구하고 우리는 피부색이 어두운 인종에 대한 차별이 심한 편입니다. 특히 흑인을 대할 때는 피부색이 검다는 이유로 이상한 오해를 하거나, 무례한 행동을 하는 경우가 많은데요. 입장을 바꿔, 우리가 말도 안 되는 이유로 부당한 차별을 받는 상황에 놓인다면 어떤 기분일까요?

실제로 유럽 등 백인의 비율이 높은 나라에서는 단

지 피부색이 다르다는 이유로 황인종을 차별 대우하는 경우가 많습니다. 식당에 가면 일부러 주문을 받지 않고 무시한다든가, 화장실 앞에 있는 테이블로 안내한다든가 하는 식으로 말이죠. 같은 돈을 내고 음식을 먹으면서 이런 대우를 받는다면 기분이 유쾌할 리 없겠죠?

내가 싫은 일은 다른 이도 똑같이 느끼기 마련입니다. 내 편견이 상대의 기분을 상하게 하는 건 아닌지 더 많이 생각해야겠습니다.

생각 나누기

식사 시간이라 분주한 음식점. 손님들은 저마다 이야기를 나누느라 바쁩니다. 이때 문이 열리며 흑인 손님들이 들어오네요. 그러자 모두의 시선이 그곳으로 향합니다. 흘낏흘낏 쳐다보는 사람도 있고, 아예 대놓고

주시하는 사람도 있습니다. 흑인 손님들도 이런 반응을 인식했는지, 불편한 표정입니다.

여러분은 이런 행동에 대해 어떻게 생각하시나요? 그리고 만약 여러분이 이 식당에 있었다면 어떻게 행동하시겠어요?

2. 장애에 따른 차별

휠체어에 앉은 게 왜 이상해?

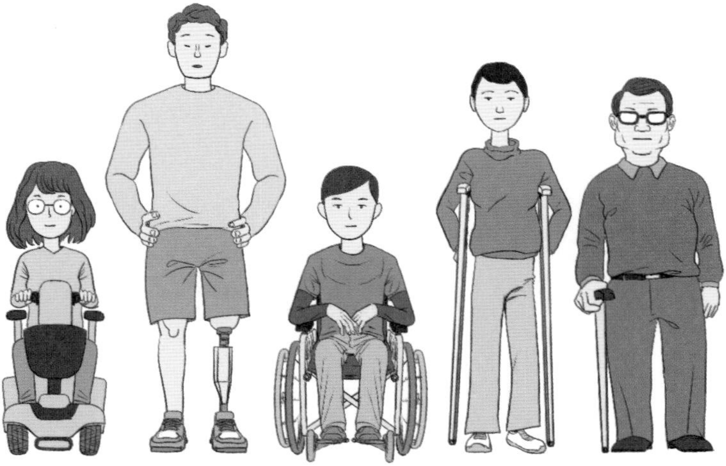

그림을 봐주세요. 보시다시피 여러 사람이 있습니다. 휠체어에 앉은 사람과 의족을 착용한 사람, 안경

을 쓰고 지팡이를 짚은 사람도 눈에 띄네요. 이들은 겉모습만으로도 장애가 있음이 드러납니다. 하지만 겉으로는 드러나지 않는 장애도 있어요. 지적장애나 청각장애, 발달장애는 외모만으로는 판단할 수 없으니까요. '외모'는 사람을 판단하는 기준이 될 수 없다는 이야기입니다.

자, 그러면 여기서 질문을 하나 할게요. 여러분은 장애가 없는 사람을 어떤 단어로 부를 건가요? 혹시 지금, '정상인'이라는 단어를 떠올리지는 않았나요?

국어사전을 찾아보면 정상(正常)이란 '특별한 변동이나 탈이 없이 제대로인 상태'라고 명시되어 있습니다. 여기서 잠깐 생각해볼게요. 만약 장애가 없는 사람만 '정상인'이라고 부른다면, 장애가 없어야만 제대로인 상태라는 의미가 되겠죠? 그럼 이 말은 곧, 장애가 있으면 제대로인 상태가 아니라는 건데요. 그건 좀 이상하지 않나요?

정상인	상태가 특별한 변동이나 탈이 없이 제대로인 사람
장애인	신체의 일부에 장애가 있거나 정신 능력이 원활하지 못해 일상생활이나 사회생활에서 어려움이 있는 사람
비장애인	신체나 정신에 장애나 결함이 없는 사람을 장애인에 상대하여 이르는 말

'장애인'의 반대말은 '정상인'이 아니라 '비장애인'이 맞습니다. 장애는 조금 불편한 것일 뿐, '정상이다, 아니다'를 따질 수 있는 기준이 아니에요. 장애가 없는 사람을 기준으로 잡고, 그 외의 사람을 '비정상'으로 모는 것은 명백한 차별이기도 하고요.

대부분의 사람은 장애가 있으면 괴롭고 힘들 것이라 생각합니다. 제대로 된 삶을 살 수 없을 거고 불행하리라 생각하죠. 하지만 그렇지 않다는 것을 증명해준 사람이 있어요. 바로, 이 사람입니다.

무선 마이크를 끼고 연설 중인 이 사람은 오스트레일리아 출신 종교인이자 연설가인 '닉 부이치치Nick Vujicic'입니다. 사진을 봐도 알 수 있지만, 그에게는 두 팔과 두 다리가 없어요. 유전 질환으로 인해 팔과 다리가 없이 태어난 닉 부이치치는 학창 시절, 또래 친구들로부터 따돌림을 당했다고 합니다. 그러면서 극심한 우울증에도 시달렸죠.

하지만 그에게는 그를 믿고 지지해주는 부모님이 있었어요. 그가 우울해하거나 절망에 빠져있을 때면, 그의 부모님은 그가 얼마나 특별한 사람인지에 관해 이야기해주었죠. 세상의 편견에 맞서라고 조언해주기도 했고요.

그래서 그는 장애인에 대한 고정관념, 차별, 편견에 맞서기로 결심합니다. 장애는 단지 불편한 것일 뿐 불행한 것이 아니라는 것을 많은 사람에게 알리기 시작했고, 그의 인생도 완전히 달라졌죠. 그는 사랑하는 사람을 만나 가정을 꾸렸고 두 아이의 아버지, 그리고 행복을 전파하는 연설가로서의 삶을 살고 있습니다. 장애에 대한 편견과 차별을 이겨낸, 삶의 영웅이죠.

그러고 보니 장애인은 자신의 장애뿐 아니라, 세상의 편견과도 부딪쳐야 하는군요. 장애인에 대한 편견과 차별을 깨뜨리기 위해, 비장애인이 할 수 있는 일은 없을까요?

가장 중요한 것은, 장애인을 '아픈 사람'이 아니라 '조금 다른 특징을 가진 사람'으로 생각해야 한다는 겁니다. 장애 때문에 불편할 수는 있겠지만, 고쳐야 하는 대상인 건 아니니까요. '고쳐야 할 병'을 가진 것이 아니라 '조금 불편한 특징'을 가졌다고 생각하면 어떨까요.

'장애를 극복했다'라는 표현도 옳지 않습니다. 장애는 없어지지 않을 테니, 애초에 극복할 수 있는 존재가 아닙니다. 극복해야 할 필요도 없고요.

장애는 그저 '익숙해질 뿐'입니다. '장애를 딛고 일어난 사람을 보며 나도 용기를 얻었다'라는 식으로 표현하지 마세요. 누군가의 장애는 비장애인에게 희망을 주기 위한 도구가 아니니까요.

'상냥한 차별'도 조심해야 합니다. 장애인을 가엾게 여기거나 도와줘야 할 대상으로 생각하는 태도가 상냥한 차별에 해당합니다. 예를 들면 이런 거예요. 본인이 원하지도 않았는데 과한 친절로 대한다거나, 스스로 할 수 있는 일임에도 불구하고 무조건 도와주려는 행동 같은 거요.

이런 친절은 자칫 장애인을 무시하는 것처럼 보일 수 있습니다. 혼자서도 충분히 할 수 있고, 조금 힘들더라도 스스로 하는 쪽을 원하고 있을 수도 있어요. 그러니 장애인을 무조건 도우려고 하기보다는 먼저 상대의 의사를 물어본 다음, 그의 의사에 따라 행동해

야겠습니다. 장애인에 대한 동의 없는 배려는 또 다른 차별이 될 수 있다는 점, 잊지 마세요.

생각 나누기

북적이는 지하철의 어느 칸. 여러 명의 장애인이 눈에 띕니다. 다운증후군인 사람도 있고 휠체어를 탄 사람도 있어요. 발달장애로 보이는 사람도 있네요.

여러 명의 장애인이 한곳에 있다는 게 신기한 걸까요? 같은 칸에 타고 있는 비장애인들의 시선이 그들을 향합니다.

어, 그런데 자세히 보니 눈빛들이 조금씩 달라요. 장애인을 신기하다는 듯 바라보는 사람, 불쾌한 눈빛으로 쳐다보는 사람, 그리고 불쌍하다는 시선으로 대하는 사람도 있습니다.

서로 다른 세 개의 시선. 여러분은 여기에 대해 어떻게 생각하세요?

3. 왜곡된 미(美)의 기준에 따른 차별

쌍꺼풀 있는 큰 눈만 정답은 아냐

여러분은 '미인'이라는 단어를 들으면 어떤 얼굴이 떠오르나요? 혹시 쌍꺼풀이 짙은 큰 눈에 오뚝한 코, 도톰한 입술, 날렵한 턱선과 뽀얀 피부를 떠올렸나요? 그럼 이 사진을 봐주세요.

조선을 대표하는 풍속화가 신윤복이 그린 〈미인도〉라는 그림입니다. 제목이 미인도니까, 미인을 그린 것이겠죠? 그런데 얇은 눈썹과 쌍꺼풀 없이 긴 눈, 뭉툭한 코와 둥근 턱선. 방금 우리가 떠올렸던 미인과는 매우 다릅니다.

이뿐만이 아니에요. 조선 시대에는 작은 키에 통통한 몸을 가진 사람이 미인으로 여겨졌습니다. 날씬하다 못해 마른 몸을 추구하는 지금과는 사뭇 다르죠. 미인에 대한 기준은 서양 문물이 들어오면서 바뀌기 시작한 것으로 알려져 있습니다. 서양 사람처럼 큰 눈과 날렵한 코가 어느 순간, 미인의 기준이 되어버린 것이죠.

그럼 다음 사진을 봐주세요.

태국과 미얀마 국경 산악지대에 사는 '까렌족Karen' 여성입니다. 목에 여러 개의 쇠 목걸이를 한 게 보이죠?

까렌족은 목이 긴 여성을 미인으로 생각한다고 합니

다. 그래서 어릴 때부터 목에 황동 목걸이를 착용하고 수를 점점 늘려나가는데요. 3~7kg까지 나가는 무거운 목걸이를 계속 착용하다 보니 목 근육이 약해지고, 심할 경우 근육 마비가 올 수도 있다고 합니다.

아프리카의 어느 부족은 큰 입술을 가진 사람을 아름답다고 여기기 때문에 입술을 찢어 커다란 원반을 끼워 넣기도 합니다. 큰 입술 때문에 음식을 씹는 것조차 힘들어지는데 말이죠. 그런가 하면 중국 송나라 시절에는 작은 발이 미인의 척도였습니다. 그래서 여자아이가 태어나면 발이 크지 못하도록 발가락을 억지로 접어 천으로 꽁꽁 싸매는 전족이라는 풍습이 있었습니다. 전족을 한 여성은 당시 기준으로 아름다워 보였을지는 몰라도, 걸음도 제대로 걸을 수 없었다고 합니다. 몸의 무게를 지탱할 수 없었기 때문에 집에만 틀어박혀 있어야 했죠.

도대체 왜 그렇게까지 하는지 이해가 안 간다고요? 그런데 그건 지금도 마찬가지일 겁니다. 지금 우리가 아름답다고 여기는 것은 영원한 것이 아니에요. 언젠가는 쌍꺼풀진 눈이 아름답지 않게 여겨질 수도 있고, 늘씬한 몸을 꺼리게 될지도 모릅니다. 미의 기준은 변화무쌍한 거니까요. 그럼 후대의 사람들은 이렇게 생각할지도 모르죠. '옛날 사람들은 도대체 왜 살을 빼려고 굶어가며 다이어트 같은 걸 했을까?'라고요.

이렇듯 미의 기준은 나라마다, 문화마다, 시대마다 다 다릅니다. 미의 기준은 시대가 만들어 놓은 허상에 불과합니다. 그러니 그 기준에 여러분 자신을 끼워 맞추지 마세요. 사람은 꼭 아름다울 필요도 없고, 아름다움을 동경할 이유도 없어요. 아름답다는 개념은 너무도 불분명한 것이니까요.

하지만 말만 이렇게 하기엔 '외모 지상주의'의 힘이

너무 강해진 게 사실입니다. 이유가 뭘까요?

여러 가지가 있겠지만 가장 큰 이유는 TV 매체나 광고 등 다양한 미디어에서 그릇된 미를 추구하도록 부추기고 있기 때문일 겁니다. 성형외과 광고에서는 V라인의 턱선이 없으면 안 될 것처럼 불안감을 조성하고, 화장품 광고는 연예인의 인형 같은 얼굴을 강조합니다. 여러분 자신도 인지하지 못하는 사이에 TV와 스마트폰, 옥외 광고 등을 통해 일률적인 미에 세뇌되는 거죠.

세계적으로 미인 대회 붐이 일었던 80~90년대에는 큰 키와 마른 체형, 풍만한 가슴과 긴 다리, 작은 얼굴과 또렷한 이목구비가 미인을 결정하는 지표였습니다.

미인 대회에 출전한 여성들은 얼굴이 작아 보이도록 머리카락을 잔뜩 부풀리고 진한 화장을 한 채, 수영복

차림으로 사람들 앞에 서서 심사를 받아야 했습니다. 온종일 웃으면서 말이죠. 또, 이른바 '쓰리 사이즈'라고 불리는 가슴과 허리, 엉덩이 크기를 밝히는 것이 당연시되었는데요. 이것이 여성의 이상적 신체 기준인 양 굳어지는 결과를 낳았습니다.

여기에 대한 비판의 목소리가 꾸준히 일자, 대부분의 미인 대회는 수영복 심사를 폐지했습니다. 또, 외모뿐 아니라 개성에 초점을 둔 심사를 하는 등 개선의 노력을 하고 있어요. 하지만 여성의 성적 대상화를 조장한다는 비판은 여전히 이어지고 있으며, 완전 폐지를 주장하는 이들도 많습니다.

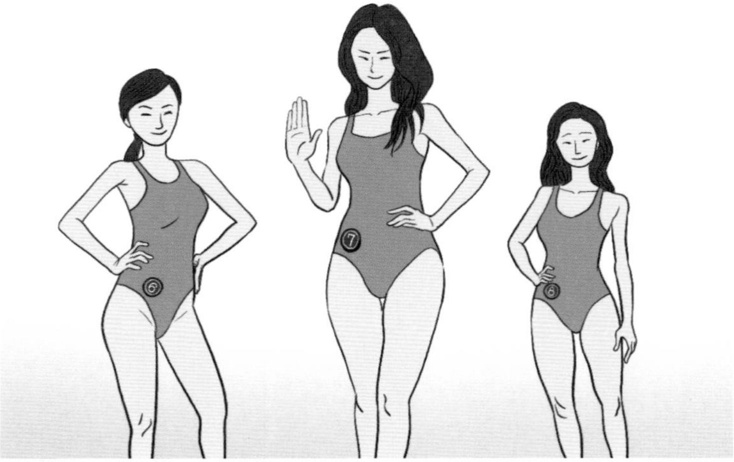

문제는 이런 학습이 타인의 외모에 대한 평가나 지적 비하로 이어진다는 겁니다. 예를 들어볼까요? 오랜만에 활동을 재개한 여자 아이돌 그룹이 있다고 합시다. 그중 한 멤버가 예전보다 통통해진 게 눈에 띕니다. 볼살도 오르고 팔뚝과 다리도 통통해졌네요. 이 경우 인터넷 커뮤니티에는 '걔 살찐 거 봤어?', '양심이 있는 거야 없는 거야', '완전 돼지네' 같은 댓글들이 줄을 이을 겁니다.

이런 비판은 이제 연예인만 겪는 일이 아닙니다. 웬만한 사람들은 개인 SNS 계정을 하나쯤 갖고 있는 요즘, 자신의 공간에 셀카를 올렸을 뿐인데 얼굴 한 번 본 적 없는 사람이 들어와서 외모 비하 댓글을 남길 수도 있어요. 그럼 그 댓글을 읽었을 때 어떤 기분이 들까요? 앞서 이야기했듯 '미의 기준'은 허상일 뿐인데 그런 것으로 남을 깎아내리고, 비방하고, 갈등까지 일어난다는 게 참 기이한 일 아닌가요?

그럼 반대로 외모를 칭찬하는 것은 괜찮을까요? 가장 많이 헷갈리는 것이 바로 이 부분인데요. 외모를 칭찬하는 것 또한 무례한 태도입니다. 듣는 사람에 따라 항상 아름다워야 한다는 강박으로 받아들일 수도 있기 때문입니다. 그러니 외모를 평가하지 마세요. 외모를 비난하는 것도, 칭찬하는 것도 조심해야겠습니다.

그리고 무엇보다도 잊지 말아야 할 것이 있습니다. 사람을 빛나게 하는 것은 그 사람의 외모가 아니라 태도라는 점입니다. 외모가 아무리 출중해도 자신감 없이 축 처져있으면 그 사람은 멋져 보이지 않아요. 반대로 외모는 지금 우리가 생각하는 미의 기준과 거리가 있지만, 매사에 당당하고 밝은 태도를 가지고 있다면 그 사람은 충분히 매력적일 겁니다. 눈으로 보이는 것이 전부가 아니라는 것, 잊지 마세요.

자신의 가치가 미모라 생각하면

언젠간 그게 전부가 될 거야.

아름다움은 사라져 버리지만,

사라지지 않는 건 마음에서 우러나는 거야.

유머, 친절함, 용기

너희들이 그런 걸 간직하길 바라.

영화 <작은 아씨들(1994년作)> 중

생각 나누기

2003년 1월.

이모 씨는 남자친구와 함께 승용차를 훔쳐 달아난 뒤 여자 2명을 납치하고 돈을 갈취한 혐의로 경찰의 수배 대상에 올랐습니다. 그녀의 얼굴은 수배 전단에 올랐고 5천만 원의 현상금이 걸렸죠.

그런데 예기치 못한 일이 일어납니다. 수배 전단에 공개된 이모 씨의 얼굴이 예쁘다는 이유로 인터넷 팬 카페가 생긴 겁니다. 급기야 팬 카페 가입자는 3만 명을 넘겼고 카페 대문에는 이런 글이 새겨졌습니다.

<당신은 잘못이 없습니다. 저희가 도와드릴게요. 힘내세요.>

외모가 예쁘다는 이유로 범죄자를 찬양하기까지 하는 이런 현상, 여러분은 어떻게 생각하나요?

친구와 함께 이야기 나눠보세요.

4. 젠더에 따른 차별

발레 하는 아름다운 남자,
격투기 하는 멋진 여자

우리나라는 조선시대부터 유교 사상이 깊게 뿌리내린 탓에 성별에 따른 차별이 특히 심각했습니다. 지금이야 1인 가구를 비롯해 한부모 가정, 아이가 없는 가정 등 다양한 가족 형태가 존재하지만, 남성이 강력한 권력을 가지고 가족 구성원을 통솔하는 '가부장제'가 우리나라의 전통적인 가족 형태였습니다. 그래서 남자는 명령을 내리고, 여자는 이에 순종하는 것이 당연하게 여겨졌죠. '남아 선호 사상'도 심해서 예전에는 여아를 출산한 산모를 타박하거나, 아예 내쫓는 경우까지 있었다고 합니다.

여자에겐 여자다운 것, 남자에겐 남자다운 것을 강요하는 경향도 여기에서 시작됐습니다. 여자는 얌전

하고 상냥하며 조심스러워야 한다고 배웠고, 남자는 용감하고 씩씩하며 책임감이 투철할 것 등을 강요당했습니다. 남자와 여자 모두, 자신의 의사와는 상관없이 정해진 틀에 자신을 맞춰야 했죠.

젠더의 경우, 문화적인 영향을 아주 많이 받기 때문에 국가별로 나타나는 모습이 다 다른데요. 우리나라는 이러한 분위기가 '직업'에서 뚜렷하게 나타납니다. 여성은 주로 누군가를 보살피거나, 서비스하는 역할을 맡았습니다. '간호사'나 '안내원' 같은 직업을 들으면 여러분도 모르게 여자를 떠올리게 되는 것이 이런 고정관념 때문입니다.

그럼 남자는 어떤가요? 남자는 기계를 다루거나 조작하는 전문직이 어울린다는 생각을 여러분도 모르게 하고 있진 않았나요? 여자도 엔지니어가 될 수 있고,

남자도 간호사가 될 수 있는데 말이죠. 직업을 선택하는 데에 있어 '성별'은 결코 기준점이 될 수 없습니다. 자신이 가진 장점과 능력을 최대한 발휘하는 것이 중요할 뿐이에요.

여러분은 어떤 직업을 갖고 싶은가요?

현재 일부 중학교에서는 자유학기제 연계로 자신이 원하는 직업을 체험할 수 있도록 하는 '진로 체험 프로그램'이 운영 중인데요. 직업 결정에 성별이 미치는 영향을 알아보고자, 자유학기제를 시행 중인 서울시 소재 5개 중학교의 1학년 학생 1,021명을 대상으로 설문조사를 진행한 적이 있습니다. 이 설문 내용 중에는 '남자가 주로 일하는 직업을 여자가 선택하는 것'과 반대로 '여자가 주로 일하는 직업을 남자가 선택하는 것'에 대해 각각 어떻게 생각하는지 묻는 질문이 있었는데요.

여자가 주로 하는 직업을 남자가 선택하는 것에 대해서는 전반적으로 '가능하다'라는 응답이 많았습니다. 다만 불가능하다고 답한 사람에게 이유를 묻자, 가장 많은 비중을 차지했던 40%의 응답자가 '남자답지 못하다고 보는 편견 때문에'라고 말했습니다.

이에 비해 남자가 주로 하는 직업을 여자가 선택하는 것에 대해서는 '불가능하다'라고, 부정적으로 답한 사람이 훨씬 많았습니다. 여기에 대해서는 응답자의 무려 60%가 '여성의 체력이 남성에 비해 약하기 때문'이라는 이유를 들었죠.

하지만 이는 편견에 불과합니다. 평균적으로는 남자가 여자보다 힘이 세지만, 개개인으로 따지면 남자보다 힘이 센 여자도 존재하니까요. 마찬가지로 여자보다 더 섬세하고 감성적인 남자도 존재합니다. 성별이 중요한 것이 아니라, 개개인의 장점과 특성이 더 중요하다는 이야기죠.

남자는 투박하고 거칠다고 생각했다면 사진 속 발레리노의 모습을 보세요. 발레리노의 손끝에서 감정이 느껴질 정도로 아름답죠? 무용가뿐 아니라 간호사와

메이크업 아티스트, 네일 아티스트, 플로리스트, 피부 관리사, 요가 강사 등 여자들이 더 잘할 것으로 생각하던 분야에서 많은 남성이 고정관념을 깨고 활약 중입니다.

소방관도 더는 남자만의 직업이 아닙니다. 여자도 얼마든지 몸을 쓰는 거친 일을 할 수 있어요. 실제로

'남자의 직업'으로 여겨졌던 장갑차 조종수, 건설 현장 소장이나 경찰관, 타워크레인 기사, 격투기 선수와 스턴트 배우에 이르기까지 다양한 분야에서 여성들이 두각을 드러내고 있습니다.

성별에 의한 직업의 장벽은 허물어진 지 오래입니다. 이젠 누구나 자신의 능력과 재능을 바탕으로 직업을 선택할 수 있어요. 여러분도 남자냐, 여자냐에 얽매이지 말고 여러분이 가장 잘 할 수 있고, 하고 싶은 일을 선택하길 바랍니다.

part 2

성(性), 그거 야한 거 아니에요?

part 2.
성(性), 그거 야한 거 아니에요?

1. 성의 의미와 개념

여러분은 '성(性)'이라는 단어를 들으면 어떤 것들이 떠오르나요? 남자와 여자를 구분 짓는 성별을 떠올리는 친구도 있을 거고, 남녀의 육체적 관계를 떠올리는 친구도 있을 겁니다.

네. 둘 다 맞아요. 사전을 찾아보면 '성'은 '남성과 여성, 수컷과 암컷의 구별 또는 남성이나 여성의 육체적 특징'이라고도 쓰여 있고, '남녀의 육체적 관계 또는 그에 관련된 일'이라고도 적혀있거든요.

그럼 먼저 첫 번째 의미에 대해 살펴볼게요. '남성과 여성의 구별'은 다시 두 가지 개념으로 세분화해서 생각할 수 있습니다. 남자와 여자를 생물학적으로 나눈 '섹스sex'와 문화적으로 나눈 '젠더gender'로 말이죠.

섹스 sex	날 때부터 정해진 생물학적 성, 육체적인 성
젠더 gender	사회적 의미의 성
섹슈얼리티 sexuality	육체적인 성(性)과 사회적인 성의 모든 것을 포괄

섹스sex라고 하면 성관계를 떠올리는 친구들이 많을 텐데요. 물론 그 뜻도 있지만, 여기에서 말하는 섹스는 '날 때부터 정해진 성별'을 의미합니다. 특별한 경우가 아니라면 평생 변할 일이 없는 개념이죠.

하지만 젠더gender는 다릅니다. 젠더는 타고난 성별만 의미하는 것이 아니라, 사회적으로 학습된 성까지 포함하죠. 남성성의 강요 또는 여성성의 강요로 학습된 결과일 수도 있고, 개별적인 사회생활을 통해 습득

된 성일 수도 있어요. 그래서 젠더적 성별은 '사회 구성체로서의 성'이라고도 불립니다. 섹스보다는 젠더가 더 넓은 의미를 지닌 셈이겠죠?

그래요. 섹스라는 개념만으로는 남성과 여성의 성별, 그리고 여기에 따르는 사회적 문제를 설명하기 부족합니다. 그래서 지금은 성별을 이야기할 때 섹스 대신 젠더라는 표현을 더 많이 사용합니다. 실제로 UN 주최의 국제회의 중 하나인 '세계여성대회'에서는 이 문제에 대해 논의한 적이 있고, 1995년에 있었던 4차 회의 때는 성(性)에 대한 영문 표기를 섹스 대신 젠더로 표기하자고 결정했습니다.

물론 모든 사람이 이런 움직임에 적극적으로 동의하는 것은 아닐 겁니다. 하지만 세계적인 회의에서 이런 사안이 통과됐다는 것은, 세계의 흐름이 '전통적이고 생물학적인 성 외에 다른 방식으로 형성된 성'을 인정한다는 의미인 것만은 분명합니다.

성性이 가진 세 번째 의미는 '섹슈얼리티sexuality'입니다. 이는 생물학적 성별인 '섹스', 그리고 사회 문화적 성별인 '젠더'와는 또 다른 의미를 가집니다.

앞서 '섹스'에는 성별 외에 '남녀 간의 육체적 성관계'라는 의미도 있다고 얘기했던 거 기억하시죠? 섹슈얼리티는 섹스가 가진 '육체적 성관계'라는 의미에서 더 나아가 성에 대한 태도나 감정, 개개인의 성적 환상과 욕망 같은 것들을 모두 포함한다고 보면 됩니다. 섹스보다 훨씬 넓은 의미인 거죠.

그렇다면 여기서 한 가지 생각해봅시다. 우리가 '섹슈얼리티'에 대해 알아야 하는 까닭은 뭘까요? 그 이유는 기존의 성교육이 다소 '좁은 의미의 성'을 다루고 있기 때문입니다. 섹슈얼리티는 여기에서 한발 더 나아가, 각기 다른 성을 이해하고 올바른 성 의식을 갖게 하는 역할을 합니다. 이렇게 하면 바람직한 생활을 할 수 있을 테니까요.

그럼 섹슈얼리티를 제대로 배우지 않아서 잘못된 성적 욕망을 갖게 되면 어떤 일이 일어날까요? 왜곡된 방식의 육체적 관계를 다른 이에게 강요하는 등, 여러 문제가 발생하지 않을까요?

그래서 여기에 대한 어느 정도의 합의가 필요합니다. 육체적 의미의 성을 대하는 자세를 딱 하나로 규정짓고 '이렇게 해!'라고 강요할 수는 없을 겁니다. 하지만 누가 봐도 잘못된 것이라면 그것만큼은 조심하자고 최소한의 약속 정도는 할 수 있겠죠? 좋고 싫음을 어떻게 결정하고 표현해야 하는지, 또 상대방과 욕구가 다를 때는 어떻게 소통해야 하는지 제대로 알아야 하겠습니다.

자, 그럼 성에 대한 잘못된 시선에는 어떤 것들이 있고, 무엇을 조심해야 하는지에 대해 더 살펴봅시다.

2. 미디어가 다루는 성의 나쁜 예

여성의 성 대상화

여러분도 아시다시피, TV 프로그램은 시청률이 아주 중요합니다. 시청률이 올라가면 해당 프로그램에 붙는 광고도 많아지고 협찬 상품도 늘어나서, 돈을 많이 벌게 되니까요. 그래서 방송국은 더 많은 시청자를 모으기 위해 고심합니다.

그런데 간혹, 시청률을 올리기 위해 자극적인 콘텐츠를 이용할 때도 있습니다. 자극적이다 못해 선정적일 때도 있죠. 예를 들면 예능 프로그램에서 여성 출연자에게 섹시한 춤을 추라고 한다거나, 남성 출연자에게 상의 탈의를 강요해 근육질 몸을 보이게 하는 것이 여기에 해당합니다. 또, 남녀 출연자가 게임을 할 때 몸을 밀착하도록 유도해 신체 접촉으로 이끄는 상황도 쉽게 볼 수 있는데요. 이런 상황이 이어지다 보면 여성 출연자의 의사와는 상관없이 스킨십이 생기기도 하죠.

또, 여성의 몸을 '시선 끌기용'으로 사용하기도 합니다. 실제 모 프로그램에서는 여자 가수가 맨발로 춤을 추는 모습을 방송하면서 '유혹의 몸짓'이나 '치명적인 에로틱' 등의 자막을 내보냈는데요. 이는 마치 여자가 남자를 유혹하는 존재인 것처럼 보이도록 해, 여성의 몸을 성적 도구로 사용한 사례 중 하나입니다.

문제는 이런 상황을 대부분 웃음으로 무마한다는 데에 있습니다. 여느 출연자들이 깔깔대고 웃으면 그 상황은 그냥 '웃긴 장면'이 되고 맙니다. 그럼 여러분도 모르는 사이에 '아, 저런 행동은 웃어넘길 정도로 별것 아닌 거구나'라고 생각하게 되죠.

이런 문제는 광고계에서 더 심각합니다. 광고는 공익광고를 제외하고는 '기업이 상품을 더 많이 판매하기 위해' 만들어지는데요. 빠르고 쉽게, 그리고 인상 깊게 소비자를 설득하는 것이 광고의 최대 목표입니다. 그러다 보니 광고를 만들 때도, 앞서 이야기했던 TV 프로그램처럼 자극적인 콘텐츠를 사용하는 경우가 많죠.

TV 프로그램의 경우는 그나마 프로그램의 적합성을

심사하고 모니터링하는 '방송통신심의위원회'가 있어서, 즉각적인 교정이 이뤄집니다. 하지만 광고는 TV뿐 아니라 인터넷, 동영상 플랫폼, 옥외 광고, 지면 광고 등 워낙 다양한 형태로 퍼지기 때문에 일일이 교정하기가 어렵습니다. TV보다 접근성이 더 좋고, 단시간에 볼 수 있기 때문에 뇌리에 훨씬 많이 남는데도 말이죠.

이렇게 자극적이고 선정적인 광고를 통해 여성의 몸은 얼굴과 가슴, 엉덩이 등으로 세분되어 성적인 이미지로 소비되죠. 한 명의 사람으로서, '인격적인 존중'을 받는 것이 아니라 마치 감정이 없는 물건처럼 취급된다는 이야기인데요. 이런 현상을 '성적 대상화'라고 표현합니다.

성을 상품화하는 것을 외면하는 것보다 더 끔찍한

것은, 그게 잘못됐다는 사실조차 깨닫지 못한다는 데에 있습니다. 그런 일이 발생하지 않도록, 주변에서 쉽게 볼 수 있는 성적 대상화와 성 상품화에는 어떤 것들이 있는지 찾아보고 무엇이 문제인지 깨달아야 할 것입니다.

강압적인 스킨십

여러분 혹시 '벽쿵 키스'라는 말, 들어보셨나요?

주로 TV 드라마에 자주 등장하는 애정 표현인데요. 남자 주인공이 벽에 쿵 하는 소리가 날 정도로 여주인공을 강하게 밀어붙이면서 입을 맞춘다 해서 붙여진 이름이라고 합니다. 이런 모습이 박력 있고 남자다워

보인다는 이유로 여러 드라마에 등장하기도 했죠. 또, 각종 매체에서는 벽쿵 키스가 '여자들의 로망'이라고 다룬 적도 있는데요. 글쎄요. 과연, 그럴까요?

드라마에서는 '벽쿵 키스' 같은 과격한 스킨십이 자꾸 나오는 까닭은 앞서 이야기했던 TV 예능 프로그램 또는 광고와 마찬가지입니다. 좀 더 자극적인 모습을 연출해야 더 많은 시청자와 소비자를 유혹할 수 있기 때문이죠.

그런데 벽쿵 키스의 모습은 어떤가요?

남녀를 불문하고 어느 한쪽이 일방적으로 스킨십을 하려 한다면, 이는 성적 자기 결정권을 침해하는 행동이 됩니다. 상대가 원하지 않는다면 그 행위가 아무리 사소한 것이라 해도 억지로 하면 절대 안됩니다. 연인 사이는 물론이고 부부 사이에서도 성적 자기 결정권을 침해하면 때에 따라 법 처벌까지 받을 수 있습니다.

연인 또는 부부가 성 접촉을 할 때 가장 기본이 되는 가치가 있습니다.

성의 자기 결정권

개인이 사회적 관행이나 다른 사람에 의해 강요받지 않은 상태에서, 오로지 자신의 의지와 판단으로 성 행동을 결정하고 선택할 권리

조금 어렵게 들리지만, 요약하자면 '모든 성 행동을 결정하는 사람은 나'라는 뜻이에요. 내가 허락하지 않으면, 그 누구도 나를 억지로 껴안거나 입 맞추거나 성관계를 할 수 없다는 겁니다.

그러니 우리는 늘 비판적인 자세를 잃지 말아야 합니다. 광고 하나를 볼 때도 불편한 부분이 있으면 왜

불편한지 꼼꼼히 따져보는 것이 중요해요. 또, 상대의 의사를 무시한 강압적인 스킨십은 멋있는 행동이 아니라는 것도 잊지 마세요.

어른스럽길 강요받는 아이들

'S라인 강조', '섹시한 쇄골뼈'. 어떤 광고에 실제 사용된 문구입니다. 놀랍게도 이 광고에 등장한 모델은 초등학생도 안 되어 보이는 아동이었습니다. 아동용 의류를 홍보하는 것이 이 광고의 목적이었지만, 우리가 생각하는 발랄한 모습의 아동은 없었습니다. 짙은 화장을 하고 어른이 해도 이상할 법한 자세를 취한 아동 모델만 있었죠.

인터넷 개인 방송은 한층 더 심각합니다. 노출이 있는 의상을 입고 춤을 추는가 하면, 소위 말하는 '먹방'을 찍으면서 일부러 야릇한 소리를 내기도 합니다. 우리는 이 모습을 어떻게 받아들여야 할까요?

일각에서는 부모가 허락했다면 문제 될 것이 없다는 반응도 나옵니다. 하지만 우리 사회에는 아동을 성의 대상으로 보는 '소아성애자'가 존재한다는 것이 문제입니다.

8세 여아를 성폭행해 많은 이를 경악하게 한 성도착증 범죄자 조두순이 대표적인 예죠. 전문가들은 소아성애자들이 이런 광고를 통해 성적으로 흥분할 가능성이 크고, 이는 범죄로 이어질 수도 있다고 경고합니다. 유엔아동기금UNICEF 역시, 아동을 성으로 대상화 하는 광고를 '아동학대'로 간주했습니다. 또, 이런 광고가 아동 성폭력을 부추긴다고 경고하기도 했죠.

그렇다면 외국의 경우는 어떨까요?

외국 기업들은 아동을 성으로 대상화 하는 광고를 적극적으로 금지하고 있습니다. 세계 최대 동영상 플

랫폼인 유튜브는 지난 2019년, '앞으로 보호자를 동반하지 않은 만 14세 미만 아동의 라이브 방송을 금지하겠다'라고 선언했습니다. 어린이 보호에 적극적이지 않다는 비판을 받자 이를 받아들인 것이죠.

프랑스 정부도 아동을 어른처럼 표현하는 행위에 규제를 가하고 있습니다. 모 패션잡지에 실린 10세 여아의 화보가 논란을 일으키면서 규제가 시작됐는데요. 어린 소녀가 어른처럼 화장하고 하이힐까지 신은 채 소파에 누워있는 사진을 본 프랑스 국민은 경악했습니다. 곧 비난 여론이 거세졌고, 사태의 심각성을 느낀 프랑스 정부는 관련법을 제정해 아동을 성으로 대상화 하는 모든 광고를 규제하기 시작했죠.

영국도 마찬가지입니다. 이번에는 모 화장품 브랜드의 향수 광고가 문제였는데요. 할리우드의 유명 여배우가 광고 모델이었죠. 이 배우는 광고 촬영 당시, 한국 나이로 18살인 대학생이었습니다. 아동이 아니었어요. 하지만 그럼에도 불구하고 영국 광고 자율심의기구는 이 광고를 금지했습니다. '광고 속 모델이 미성년자처럼 표현돼 실제보다 어려 보이고 지나치게 성적이다'라는 이유에서요.

보시다시피 외국은 아동의 성 상품화를 강하게 규제하고 있습니다. 아동을 떠올리게 하는 광고조차도 금지하고 있죠. 하지만 이에 비해 우리나라는 아동 광고와 관련된 규제가 거의 없다시피 합니다. 현행 아동복지법에는 아동에게 음란한 행위를 시키거나 성희롱 등의 수치심을 주는 행위가 '성적 학대'로 규정돼 있지만, 아이들을 어른처럼 꾸미거나 성적으로 느껴지게 만드는 행위에 대해서는 처벌할 방법이 없기 때문이죠.

그렇다면 우리는 어떻게 하면 될까요?

다양한 대중 매체를 통해 무수한 광고가 쏟아지고 있는 현실을 고려할 때, 우리가 광고를 안 보고 살 수는 없습니다. 하지만 아동의 성 상품화가 잘못됐다는 것을 항상 기억하고 있을 수는 있겠죠? 아동을 어른처럼 꾸미거나, 성적으로 보이도록 만드는 광고를 접하게 된다면 해당 회사의 홈페이지 게시판을 통해 알려주세요. 작은 행동처럼 느껴지겠지만, 그 행동이 모이고 모이면 큰 움직임이 됩니다. 그러면 회사도 의견을 받아들이고 개선하는 것은 물론이고, 더 나은 세상으로 나아가는 밑거름이 될 겁니다.

섹드립, 어디까지 표현의 자유로 봐야 할까?

여러분 혹시 '섹드립'이라는 말, 들어보셨나요? 인터넷 신조어인 이 단어는 '성적인 농담'이라는 의미가 있는데요. 요즘 인터넷상에서는 이른바 '섹드립'이라 불리는 말들을 쉽게 볼 수 있습니다.

일례로 모 게임 광고에서는 여성 캐릭터를 마음대로 고를 수 있음을 강조하면서 '골라 먹자'라는 표현을 사용했는데요. 이런 표현은 명확하게 '잘못됐다'고 콕 집어 이야기하기는 어렵지만, 사람에 따라서는 불쾌함을 유발합니다. 또, 언어 습득 능력이 뛰어나고 모방 심리와 호기심이 많을 나이의 학생들에게는 '그릇된 성 의식'을 심어줄 수도 있죠. 그리고 더 심각한 문제는 경우에 따라 성희롱에 해당하는 성범죄가 될 수도 있다는 겁니다.

섹드립은 딱히 성인 인증을 받지 않아도 볼 수 있는 개인 인터넷 방송에서 더 쉽게 찾아볼 수 있습니다.

이제는 너무 다양한 형태로 바뀌어 어원이 흐려지기까지 한 '앙기모띠'는 일본 AVAdult Video에서 나온 '기분이 좋다'는 의미의 '기모치 이이気持ちいい'에서 유래된 말입니다. 이 말은 인터넷 방송 BJBroadcasting Jockey

들에 의해 본래의 의미와 욕설과 속어가 섞인 섹드립으로 변해 무분별하게 확산됐고, 지금은 의미 없는 말장난으로 굳어져 버렸습니다. '야메떼' 같은 말도 마찬가지죠. 그럼 BJ들은 왜 이런 말을 사용하는 걸까요? 자극적이고 쾌락적인 언어로 조회 수를 늘려 돈을 벌기 위해서예요.

문제는 앞서 강조했듯, 이런 말장난이 성에 대한 왜곡된 인식을 만드는 데 일조한다는 점인데요. 비판 없이 그냥 받아들이고 웃어넘기다 보면, 어느 순간부터는 그 말을 따라 하게 됩니다. 그러다 보면 친구에게 장난한답시고 이런 말을 아무렇지 않게 하게 되는데요. 이때 친구의 기분은 어떨까요? 상대방은 성적 수치심과 굴욕감, 경우에 따라서는 분노까지 느낄 수도 있습니다. 그러니 이런 말은 이성을 비롯해 동성 간에도 하지 말아야 하겠습니다.

그리고 주변에서 장난인 양 섹드립을 하는 친구를 본다면, 잘못된 행동임을 알려주고 멈출 것을 단호히 말해야 합니다. 혼자서 저지하기가 어렵다면 다른 친구, 그래도 안 된다면 선생님이나 주변의 어른들에게 이야기하세요. 장난으로 웃어넘기기 시작하면 이런 말은 사라지지 않을 테니까요.

3. 잘못된 인식이 범죄로까지

- 그냥 장난친 건데,
  성범죄가 될 수 있다고요?

명훈: 오늘은 내 생일이니까 내가 왕 할게. 그럼 이제부터 왕 게임 시작! 자, 민수가 서현이한테 백허그 해.

민수, 서현: (동시에 놀라며) 뭐?

민수: 여기서? 지금?

명훈: 그래. 여기 너 말고 민수 또 있냐? 얼른 해.

주영: 오. 민수 좋겠는데? 내숭 그만 떨고 빨리해. 그리고 다음 타자 골라.

평소에도 장난이 심하기로 유명한 명훈이가 오늘은 자신의 생일이라며 왕 게임을 하자고 나섰습니다. 같은 반 친구들에게 백허그를 하라고 으름장을 놓고, 옆에 있던 친구 중 몇 명은 거들기까지 하네요. 어떻게 보면 장난 같기도 하고, 어떻게 보면 불편하기도 한 이 상황.

정말 '장난'으로 봐도 괜찮은 걸까요?

'성범죄'라고 하면, 우리는 아주 심각한 상황을 떠올립니다. 뉴스에서 떠들썩하게 다루는 극악무도한 행동만 성범죄라고 생각하는 거죠. 하지만 성범죄는 범위가 아주 넓어요. 그래서 무심코 장난으로 생각했던 행동이 알고 보면 성범죄에 해당할 때도 많은데요. 그럼 성범죄의 의미를 좀 더 자세히 살펴볼까요?

성범죄
상대방의 동의나 허락 없이 힘의 차이 또는 권력을 이용해서 상대방의 '성의 자기 결정권'을 침해하는 모든 폭력적 행위

말이 너무 어렵죠? 자, 그럼 첫 번째 단어부터 차근차근 풀어볼게요. '상대방의 동의나 허락 없이'라는 문장이 먼저 나오는데요. 쉽게 말하면 상대방이 싫어하거나 원하지 않는 상황을 의미해요.

예를 들어 A라는 여자 친구와 B라는 남자 친구가 데이트 중이라고 해봅시다. B는 A와 키스를 하고 싶었어요. 그래서 가까이 다가갔는데 A가 B를 떠밀었습니다. 이 경우 명백히 '싫다'는 의사를 표현한 거니까, 여

기까지는 이해하기 쉽죠?

그런데 '싫어하지 않는 것은 곧 좋아한다는 의미다'라고 오해할 때 문제가 발생합니다. 자, 다시 예를 들어볼게요. B가 A에게 다가갔을 때 A는 B를 떠밀거나 얼굴을 피하는 등 적극적인 반대 의사를 표현하지 않았어요. 그래서 B는 '아, A도 나와 키스를 하고 싶은데 부끄러워 하는구나'라고 생각했죠. 하지만 B는 나중에 성추행으로 처벌을 받았습니다. 이유가 뭘까요?

바로, '힘의 차이 또는 권력을 이용해서 상대방의 성의 자기 결정권을 침해'라는 다음 문장 때문입니다. 어떤 상황이었을까요?

A와 B가 사랑하는 연인 사이가 아니라, 직장 상사와 후배, 선생님과 제자처럼 권력적으로 차이가 나거나 어린아이와 어른처럼 힘에서도 차이가 나는 경우

를 의미합니다. B가 회사의 대표고 A가 그 회사의 여직원인 상황이라고 생각해보세요. 물론, B가 키스를 하는 것이 싫다면 적극적으로 거부 의사를 밝히는 것이 맞겠지만, 상황에 따라서는 그게 어려울 수도 있습니다. 회사에서 불이익을 당할 수도 있으니까요.

자, 그럼 앞서 표에서 봤던 예시를 다시 떠올려보세요. 명훈이가 '상대방의 동의나 허락 없이' 백허그를 시켰던 것, 기억나죠? 이 상황에서는 민수와 서현이가 성적 자기 결정권을 침해당했다고 볼 수 있겠습니다.

이처럼 성범죄라는 것은 우리가 생각하는 것보다 더 넓은 의미를 지니고 있습니다. 그래서 여자도, 남자도 모두 조심해야 합니다. 그리고 가장 중요한 것은 상대방의 동의와 허락 없이는 성적 자기 결정권을 침해하지 말아야 한다는 거예요.

성범죄	
성폭행	당사자의 의사에 반하는 성(性)적인 유무형의 모든 폭력 행위
성추행	신체에 접촉해서 성적 수치심을 유발하는 행위
성희롱	상대방의 동의(허락) 없이 성적 수치심과 불쾌감, 굴욕감, 혐오감, 공포감 등의 감정을 느끼게 하는 모든 성적 언동과 요구

위의 표에서 보시다시피 성폭행과 성추행, 성희롱은 모두 성범죄에 포함되는 개념입니다. 그럼 표에 나온 내용을 좀 더 쉽게 풀어볼게요.

첫 번째, 성폭행은 상대방의 동의나 허락 없이 강제로(폭행, 협박, 강요, 위협)하는 성적인 폭력 행위를 의미합니다. 강간과 강간미수가 여기에 해당하죠. 형법 제

297조에 따라 3년 이상의 유기징역을 받을 수 있는 범죄입니다.

두 번째, 성추행은 자신의 성적 만족을 위해 동의나 허락 없이 신체적인 접촉을 하여, 상대방에게 성적 수치심, 불쾌감, 두려움, 혐오감, 공포감 등을 줄 수 있는 모든 성적인 행동을 말합니다. 특히 폭행과 협박으로 강제추행을 했다면 형법 제298조에 의해 처벌을 받습니다.

학급에서 볼 수 있는 성추행의 예를 들어보겠습니다. 간혹 여학생의 속옷 끈을 잡아당기는 행동을 한다거나, 치마를 들치는 경우가 있는데 이런 행동은 성추행에 해당합니다. 또, 장난처럼 특정 신체 부위를 스치듯 만지는 행동, 동성과 이성을 막론하고 바지를 내리는 행동도 마찬가지입니다.

마지막 세 번째 성희롱은 성과 관련된 말(특정 신체 부위, 반복적인 교제 요구, 외모 비교 및 평가)로 상대방에게 성적 수치심과 불쾌감을 줄 수 있는 모든 성의 말이나 행동을 뜻합니다. 예를 들면 성별의 특징이 나타나는 신체 부위를 가리키며 웃거나 농담을 하는 행동도 성희롱에 해당합니다. 이런 행위는 자칫 가볍게 여겨지거나, 장난처럼 넘어갈 때도 있는데요. 이건 엄연한 성범죄입니다. 그런데도 여기에 대한 명확한 형사상 처벌 규정은 아직 마련되어 있지 않아요. 그래서 법적인 처벌 규정을 만들기 위해 많은 사람들이 노력하고 있습니다.

그럼 성희롱의 예를 들어볼까요? 사춘기로 인해 체형 변화를 겪는 친구의 특정 신체 부위 치수나 모양에 대해 놀리거나 말하기만 해도 성희롱입니다. 또, 상대가 보는 앞에서 성을 표현하는 행동을 하거나 친한 동성 또는 이성 친구가 서로 사귄다고 놀리는 행동, 단체 대화방에서 성적인 내용의 이야기를 하면서 상대방에게 성적 수치심과 불쾌감을 주는 행동도 성희롱에 해당합니다.

성폭행과 성추행, 성희롱의 공통점은 모두 '성범죄'라는 것입니다. 어느 것이 가장 나쁘고 어느 것이 덜 나쁘다고 말할 수 없이, 모두가 성을 매개로 한 범죄라는 것을 잊지 마세요.

#미투Me Too 운동

자, 이제 어떤 행동들이 성범죄에 해당하는지 감을

잡았죠?

그런데 얼마 전까지만 해도 국민 대다수가 성범죄에 미온적인 태도를 갖고 있었어요. 어떤 행동이 성범죄에 해당하는지 잘 몰랐기 때문이었습니다. 성희롱을 하는 사람도 잘못됐다는 걸 인지하지 못했을 뿐 아니라, 당하는 사람도 그냥 넘어가는 경우가 많았습니다. 기분이 불쾌하긴 해도 그게 범죄라고는 생각하지 못했으니까요. 또, 범죄에 해당하는 것을 알고 있더라도 '그러니까 조심 좀 하지'하는 식으로, 오히려 피해자를 탓하는 사회적 분위기가 강했기에 쉬쉬하고 넘어가는 일도 많았습니다.

이런 분위기를 깨뜨린 것은 2017년 미국에서 시작된 '미투 운동Me Too movement'이었습니다.

할리우드의 유명 영화제작자인 하비 와인스타인은 자신의 권력을 이용해 수많은 여배우를 성추행해왔는데요. 여배우들은 불이익을 당하거나 자신의 이미지가 손상될까 봐 피해 사실을 선불리 털어놓을 수 없었습니다. 하지만 배우 알리사 밀라노가 용기 있게 피해 사실을 밝혔고, 많은 사람이 그 용기에 힘을 보탰어요. 사람들은 '나도 피해자다'라는 의미에서 각자의 SNS에 미투Me Too라는 태그를 달았고 이런 움직임은 금세 전 세계적으로 퍼졌죠. 그래서 알리사 밀라노가 미투 운동을 제안한 지 하루 만에 8만여 명이 넘는 사람들이 자신의 성폭행, 성추행 경험을 폭로하기에 이르렀어요.

우리나라도 예외는 아니었습니다. 2018년 1월 서지현 창원지검 통영지청 검사가 자신의 성추행 피해 사실을 알리면서 국내에서도 본격적인 미투 운동이 시작됐는데요. 이로 인해 정치계는 물론이고 문학, 연극계 등 다양한 분야에서 피해 사실을 숨기고 고통받았던 여성들이 당당하게 목소리를 높이게 됐습니다.

미투 운동의 공통점은 가해자가 그 분야의 권력을 가진 사람이었고, 피해자는 그에 비해 약자였다는 것입니다. 나쁜 권력이 사회의 악이 된 셈이죠.

미투 운동에 참여한 사람들의 바람은 간단합니다. 권력을 남용해 죄의식 없이 성범죄를 저지른 가해자를 처벌하는 것과 더 이상의 피해자가 발생하지 않는 것이요. 그 어떤 권력도 상대의 성적 자기 결정권을 침해할 수는 없다는 사실, 잊지 마세요.

4. 남녀 모두가 만족하는 성평등을 위해 우리가 가져야 할 태도

성(性)에 대한 다양한 이야기를 나눠봤습니다. 성은 외면할 수 없는, 우리 삶에서 아주 중요한 요소입니다. 그래서 사회적인 합의가 꼭 필요하고 모두가 그 약속을 지켜야 합니다. 그러니 한 번 더, 강조해볼게요. 다 함께 복습해봅시다.

성의 자기 결정권이란?

1. 내 몸의 주인은 나! 상대와의 동의하에 내가 원하는 것을 당당히 주장하는 것.
2. 싫어! 내가 원하지 않는 성 접촉을 거절하거나 거부하는 것.

3. 내가 한 행동과 그에 따른 결과에 책임을
   지는 것.

상대의 성의 자기 결정권을 존중해주세요. 상대가 원하지 않는 신체 접촉은 하지 마세요.

성범죄란?

1. 상대방의 동의나 허락 없이,
2. 힘의 차이 또는 권력을 이용해,
3. 상대방의 '성의 자기 결정권'을 침해하는
   모든 폭력적 행위.

신체적인 접촉뿐 아니라 단체 채팅방에서의 희롱, 합성 사진, 불법 촬영물 유포 등의 온라인상의 행위와 성적인 농담, 사귀자고 억지로 쫓아다니는 행동 등도 성범죄에 해당한다는 사실, 다시 한번 기억하세요.

성의 자기 결정권 무시 = 성범죄

또, 친구가 이런 행동을 하는 걸 봤다면 침묵하지 말고 믿을 수 있는 어른에게 알려주세요. 침묵은 또 다른 피해를 만들 수 있습니다. 2차 가해가 되지 않도록 피해 친구를 돕고, 주변에 도움을 청해주세요.

마지막으로 가장 중요한 것이 있습니다. 모두가 만족하는 성(性)을 위해서는 지나치게 자극적인 언어나 영상물에 무분별하게 빠져들지 말아야 한다는 겁니다. 우리의 뇌는, 그중에서도 여러분과 같은 어린 나이의 뇌는 자극에 상당히 민감합니다. 한번 자극에 중독되면 그 자극에 무덤덤해지고, 그러다 보면 더 큰 자극을 자꾸 원하게 되죠.

그러면 여러분이 나중에 정말 사랑하는 사람을 만났을 때, 즐거운 성관계를 하기 어려워집니다. 일반적인

성적 행위로는 만족을 느끼지 못하게 되고 더 자극적인 것을 찾게 될 테니까요. 그러면 결국 상대와의 관계에도 금이 가게 되고 행복한 성생활을 할 수 없게 될지도 모릅니다.

미래의 내 파트너와 즐겁고 행복한 성생활을 하고 싶다면, 여러분의 몸과 마음, 그리고 정신이 건강해야 합니다. 성에 대한 올바른 가치관을 갖는 것은 그 누구도 아닌, 여러분 자신을 위해 중요합니다.

part 3

말이 칼이 되는 순간들

part 3.

말이 칼이 되는 순간들

장애인 혐오 표현

이번에는 장애인에 대한 혐오 표현에 대해 알아보려 합니다. 어떤 것들이 있을까요? 아마도 많은 친구들이 이런 생각을 할 겁니다.

'나는 장애인을 혐오하지 않아서 그런 표현은 안 쓰

는데.'

하지만 문제는 우리도 모르는 사이에 장애인에 대한 혐오 표현을 사용하고 있다는 점입니다. 장애인을 일부러 비하하기 위해 사용한 것이 아님에도 불구하고, 장애인이 들으면 상처가 되거나 모욕감을 느낄 수 있는 표현이 너무 많습니다. 어떤 것들이 있는지 한 번 살펴볼까요?

앞의 그림을 봐주세요.

첫 번째 표현인 '벙어리 장갑'은 우리가 흔히 사용하는 말 중 하나죠? 엄지 외의 나머지 손가락 부분이 붙어있어서 보온 효과도 좋고 귀여운 이 장갑에는 왜 이런 이름이 붙은 걸까요?

여기에는 여러 가지 설이 있습니다. '막다'라는 뜻을 가진 '벙을다'라는 단어에서 따왔다는 설도 있고, '버벅거리다'라는 뜻의 '버우다'라는 단어에서 유래됐다는 설도 있습니다.

하지만 어디에서 유래됐는지는 중요하지 않아요. 문제는 '벙어리'라는 말이 언어장애인을 낮잡아 이르는 단어라는 거죠. 우리는 아무 생각 없이 '벙어리 장갑'이라는 말을 쓰지만, 이 말을 언어장애인이 듣는다면 심한 모욕감을 느낄 수 있습니다. 이유도 없이 욕을 먹는데 기분 좋을 사람은 없을 테니까요. 그러니 '벙어리 장갑'이 아니라 '엄지 장갑'이나 '손모아장갑'이라는 말로 바꿔 쓰는 것이 맞습니다.

다음은 '결정장애'라는 말입니다. 이 말은 무언가를 선택해야 하는 상황에 놓였을 때, 유독 우유부단한 사람들에게 자주 합니다. '너 결정장애 있구나'처럼요. 요즘 들어 많이 사용하는 이 단어는 이제 언론에서도 아무렇지 않게 사용할 정도입니다. 하지만 이 말 역시, 명백한 장애인 비하 단어입니다. 그저 비유일 뿐인데 왜 비하 단어인지 이해가 안 간다고요?

그 이유는 이 단어에서 '장애'가 부정적인 의미로 사용되었기 때문입니다. '결정하는 데에 장애가 있다'는 것은 한 마디로 '결정을 잘하지 못 한다'라는 의미잖아요. 장애가 '부족함' 또는 '열등함'의 의미로 사용된 것이죠.

하지만 앞서 우리가 살펴보았듯, 장애는 열등한 것이 아닙니다. 조금 불편한 것일 뿐, 부족하거나 열등한 것이 아니에요. 비장애인이라고 해서 장애인에 비해 우월한 게 아니라는 뜻입니다. '장애'라는 단어를 열등함의 의미로 사용한 '결정장애'라는 말, 사용하지 말아야겠습니다.

마지막은 '눈뜬장님'이라는 표현입니다. 가까이 있는 물건은 못 보고 한참 찾을 때 '너 눈뜬장님이니?'라는 표현을 흔히 합니다. 이 말은 심지어 국어사전에도 등재돼있어요. '눈을 뜨고는 있으나 실제로는 보지 못하는 사람', '무엇을 보고도 제대로 알지 못하는 사람', '글을 보고도 읽을 줄 모르는 사람'이라고 상세히 나와 있습니다. 국어사전에도 있는 말인데 그냥 쓰면 안 되냐고요?

우리 표준국어대사전에 실린 속담은 9천여 개고 이 중 3%가량이 장애인에 관련된 속담이라고 합니다. 오래전부터 쓰던 것이니 계속 쓰면 안 되냐고요? 하지만 문제는 속담이나 관용구에 인용되는 장애인은 본인의 의사와 행동과는 무관하게 비하의 대상이 된다는 점입니다. 이런 표현들로 많은 장애인은 받지 않아도 될 상처를 받게 됩니다.

다행인 것은 우리가 언어를 바꿀 수 있다는 겁니다. 언어는 절대적인 것이 아니라, 시대에 따라 바뀌는 것이니까요.

예를 들어볼게요. 예전에는 '읍니다'가 맞춤법상 옳

은 말이었지만, 지금은 '습니다'가 맞는 말입니다. '자장면'만 표준어였던 시절이 있었지만, 2011년부터는 더 많은 사람이 사용하는 '짜장면'도 복수 표준어로 인정했습니다.

이렇듯 언어는 그 시대에 맞게 변하고, 언어를 더 나은 방향으로 바꾸는 것은 우리입니다. '눈뜬장님'이나 '꿀 먹은 벙어리', '눈먼 돈' 같은 단어는 장애인 인권에 대한 인식이 미비했던 시절에 사용했던 말입니다.

모두가 평등하게 사는 사회를 만들기 위해 이런 단어들을 하나둘, 지워간다면 언젠가는 이 단어들도 없어지지 않을까요? 비하의 의미, 혐오의 의미를 담은 단어는 사용하지 않도록 약속해요, 우리.

젠더의 혐오 표현

장애인을 비하하는 단어 외에 또 문제가 되는 것이 바로, 젠더로서의 혐오 표현입니다.

남성과 여성, 그리고 성 소수자를 비하하는 단어들이 아무렇지 않게 사용되면서 그 어느 때보다도 혐오 문제가 심각해지고 있습니다.

먼저 남성을 혐오하는 표현을 짚어볼까요? 한국 남자를 싸잡아서 비난하는 '한남충'이나 에티켓이 없는 중년 남성을 비하하는 '개저씨' 등의 단어가 대표적인데요.

일부에서는 이런 단어가 '미러링' 과정에서 나온 것이기 때문에 문제가 없다고 이야기하기도 합니다. 남자도 비슷한 말로 여자를 혐오했으니, 똑같이 느끼도록 해준다는 의미죠. 하지만 혐오를 혐오로 받아치는 것이 옳은 일인지에 대해서는 고민이 필요합니다. 똑같이 혐오한다고 해서 여성의 인권이 높아지는 것은 아닐 테니까요.

그럼 여성을 혐오하는 표현은 어떤 것이 있을까요? 남자를 비하하는 단어보다 훨씬 많습니다. 사치스럽고 외모에 치장을 많이 하는 여자를 표현하는 '김치녀'나 '된장녀'라 하고, '여자는 운전을 못 한다'라는 인식에서 나온 '김여사'는 꽤 오래전부터 사용된 여혐 단어입니다.

요즘에는 공공장소나 대중 시설에서 민폐를 끼치는 사람을 의미하는 '맘충'을 비롯해 성적인 의미를 담은 여러 여성 비하 발언도 공공연히 쓰입니다.

이런 혐오 단어가 문제 되는 까닭은 겉으로 볼 땐 표현의 자유처럼 보이지만 폭력이 될 수 있기 때문입니다.

모든 중년 남성이 공공예절을 지키지 않는 것이 아닌데도 불구하고 '개저씨'라는 말로 싸잡아 부르기 시작하면, 어느 순간부터는 나도 모르게 중년 남성 모두를 부정적으로 여기게 됩니다. '맘충'도 마찬가지입니다. 아이를 가진 모든 여성이 무례한 행동을 하는 것이 절대 아닌데도 불구하고, 아이가 조금이라도 울면 눈살을 찌푸리며 엄마를 흘겨보는 상황이 생깁니다. '맘충'이라고 수군대면서 말이죠.

인간은 혼자 살 수 없는 사회적인 동물입니다. 그래서 서로 이해하기 위해 끊임없이 대화하고, 합의점을 찾아 나가야 합니다. 그런데 담장을 쌓고 혐오의 표현을 사용하면서 서로를 미워하기만 한다면 모두가 행복한 사회를 만들기 어려울 겁니다.

성 소수자에 대한 혐오 역시 마찬가지입니다. '소수'이긴 하지만, 우리 사회에는 다른 성 정체성을 가진 사람들이 분명 존재합니다.

성 소수자는 큰 범주에서 네 분류로 나누어볼 수 있습니다. 여성 동성애자인 '레즈비언'과 남성 동성애자인 '게이', 양성애자인 '바이', 그리고 성전환을 한 '트랜

스젠더'로요. 영어로는 앞 글자만 따서 'LGBT'라고 표현하기도 합니다.

성 소수자에 대한 의견은 하나로 통일하기 어려울 정도로 아주 많습니다. 반대하는 사람, 찬성하는 사람, 두 의견을 모두 거부하는 사람도 있을 테니까요. 애초에 옳고 그름을 나눌 수 없는 문제이기 때문에 의견을 딱 한 가지로 통일할 필요는 없습니다. 하지만 '혐오한다'는 것은 조금 다른 문제라는 사실을 잊지 말아야 합니다.

게이는 성소수자를 의미하는 단어일 뿐, 욕이 아닙니다. 그런데도 이 단어를 욕처럼 사용하는 경우가 많습니다. 상대를 비하하려는 의도로요. 그뿐만 아니라 조용조용하고 세심한 남자 친구를 '게이'라고 지칭하거나, 활동적이고 거친 여자 친구를 '레즈'라고 부르는 경우도 많습니다. 하지만 이건 명백한 편견이에요. 게이라고 해서 모두 여자처럼 행동하고, 레즈비언이 전부 남자처럼 행동하는 것이 아니기 때문입니다. 또, 엄밀히 말해 '여자 같은 행동' 또는 '남자 같은 행동'이라는 것도 아예 존재하지 않고요.

말은 우리의 행동을 만드는 아주 무서운 도구입니다. 그 사람이 사용하는 언어가 곧 그 사람의 태도를 만들죠. 그러니 혐오의 언어에 휘둘리지 마세요.

상대의 인격을 무시하고 비하하는 말을 사용하지 마세요. 갈등과 대립, 분열을 조장하고 심할 경우 혐오범죄까지 일으키는 말을 사용하지 않도록 항상 조심해야겠습니다.

지금까지 우리도 모르게 사용하고 있었던 혐오 표현에 대해 살펴보았습니다. 아무 의미 없이 장난처럼 사용했던 말인데, 그게 혐오 표현이었다니. 놀란 친구들도 많을 겁니다.

그럼 우리는 항상 '긍정하는 말'만 사용해야 하는 걸까요? 무언가에 반대하는 의견을 말하거나, 비판하면 안 되는 걸까요?

그런 건 아닙니다. 어떻게 항상 긍정하는 표현만 쓸 수 있겠어요. 싫은 것이 있으면 싫다고 이야기해야죠. 또, 때에 따라서는 비판적인 말을 꼭 사용해야 하는 경우도 있습니다. 토론처럼요. 다만 여기서 중요한 것은 '싫어하는 것'과 '혐오하는 것'을 구분해야 한다는 겁니다. 싫어하는 것, 비판하는 것에 대해서는 얼마든

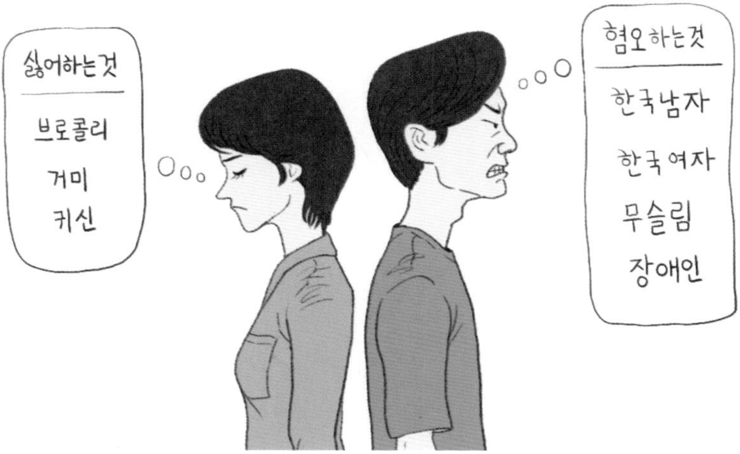

지 이야기해도 괜찮아요. 하지만 혐오하는 것에 대한 말은 피해야 해요.

자, 그럼 싫어하는 것과 혐오하는 것이 어떻게 다른지 마지막으로 짚어 볼까요?

먼저 '싫어하는 것'의 예를 들어보겠습니다.

매운 음식을 좋아하는 사람도 있지만 싫어하는 사람도 있죠? '나는 매운 떡볶이가 싫어'라고 이야기하면 그건 혐오가 아니라 단순히 싫어하는 감정입니다. 무서운 걸 싫어해서 공포영화를 못 보는 친구도 있을 거예요. 그럴 경우 '나는 무서운 영화가 싫어'라고 말할 수 있습니다. 이것도 혐오가 아니에요. 쉽게 말해, 싫어한다는 것은 대상에 대한 단순한 감정을 의미합니다.

그럼 '혐오하는 것'의 예를 들어볼게요.

'나는 동성애자를 싫어해'라는 표현은 '싫어하는 것'에 해당할까요, '혐오하는 것'에 해당할까요? 정답은 혐오입니다. 그냥 싫어서 싫다고 했는데, 그게 왜 혐오가 되냐고요?

싫어하는 감정과 혐오를 구분하는 가장 중요한 기준은 바로, '차별'의 성격을 가졌는지 아닌지에 달려있습니다.

예를 들어 동성애자를 싫어한다고 하면, 여기엔 '이성애자만 인정한다'라는 의미가 담겨 있죠? 그럼 이것은 동성애자에 대한 차별로 이어집니다. '나는 이슬람교를 싫어해' 같은 표현도 마찬가지입니다. 이 말에는 이슬람교를 차별하고 다른 종교만 인정하겠다는 의미가 깔려 있으니까요.

더 쉽게 이야기하자면, '혐오'는 무언가를 싫어하는 일반적인 감정을 넘어, '차별'의 의미를 지니고 있습니다. 상대를 존중하거나 인정하지 않고 부정하기 때문입니다.

장애인과 비장애인, 남자와 여자, 동성애자와 이성애자, 흑인과 백인 등 반대되는 개념이 아닌 것들을 비교하고, 어느 한쪽을 비하하는 행위는 혐오에 속한다는 것을 기억하세요.

part 4

틀린 사람은 없어! 다른 사람만 있을 뿐

part 4

틀린 사람은 없어! 다른 사람만 있을 뿐

세계 인권 선언 제1조에는 '모든 사람은 태어날 때부터 자유롭고, 존엄하며 평등하다. 모든 사람은 이성과 양심을 가지고 있으므로 서로에게 형제애의 정신으로 대해야 한다'라고 명시하고 있습니다. 인종, 피부색, 성별, 언어, 종교 등 어떤 이유로 차별받지 않고 권리와 자유를 누릴 자격이 있다고도 쓰여 있네요.

사회적인 흐름에 따라 여러 가지 성 평등 정책을 펴

고, 이와 관련된 내용을 법으로 만들고자 하는 이유도 모든 사람이 평등할 권리를 갖고 있기 때문인데요. 그럼 양성평등과 성 평등은 같은 말일까요?

평등	**양성(sex)평등**	생물학적 성
	성(gender) 평등	사회학적 성

'양성평등'과 '성 평등', 많이 들어봤던 단어지요? 두 단어 모두 '평등'이라는 개념을 갖고 있지만, 그 의미는 매우 다릅니다. 먼저 '성 평등'은 성 정체성인 남성과 여성, 양성 등 다양한 성을 인정해 동등한 대우를 받아야 한다는 의미입니다. 이와 달리 '양성평등'은 남성과 여성이 동등한 대우를 받아야 한다는 의미를 갖고 있죠.

'평등'이라는 단어가 '같음'을 의미하는 것은 아닙니다

다. 진정한 평등이란, 나와 똑같지 않아도 다르다는 것을 인정하고 차별 없이 상대방을 존중하는 자세입니다. 성별이 다르고, 국가가 다르고, 언어가 다른데 모든 사람이 같을 수는 없겠죠? 다만 그건 다른 것일 뿐, 틀린 것이 아니라는 이야기지요. 틀렸다고 하지 말고 다름을 인정해보세요.

다름을 인정하지 못하는 가장 대표적인 예가 있습니다. 바로 '장애인을 대하는 태도'인데요. 앞서 배웠듯이, 장애는 조금 불편한 것일 뿐 열등하거나 부족한 것이 아니에요. 그런데도 장애인을 불쌍히 여기거나, 비하하거나, 차별하는 일이 여전히 발생합니다. 특히, 장애인을 비하하는 의미가 담긴 단어가 아직도 쓰이고 있는데요.

어떤 것들이 있는지 잘 기억해서, 앞으로는 절대 사용하지 말아야겠습니다.

비정상인, 불구자, 장애우 (X)	장애인 (O)
정상인 (X)	비장애인(O)
언청이 (X)	구순구개열(O)
사팔뜨기 (X)	사시 (O)
꼽추 (X)	척추 장애인 (O)
난쟁이 (X)	왜소증 환자 (O)

위의 표를 잘 읽어보셨나요? 정신지체가 아니라 지적장애인, 간질 병자가 아니라 뇌전증 환자, 미치광이나 정신병자가 아니라 정신질환자, 문둥이와 나병환자가 아니라 한센인이 맞습니다. 표현을 어떻게 하느냐에 따라 우리의 의식에도 변화가 생기기 때문에 반드시 맞는 용어를 써야 합니다.

장애를 앓다 (X) ··········▶ 장애가 있다(O)

또, 우리가 흔히 하는 실수 중 하나가 '장애를 앓다' 라고 표현하는 건데요. 장애는 '앓는 것'이 아니라 '있는 것', '가진 것'일 뿐입니다. 장애는 질병이나 질환처럼 앓다가 치유되는 것도 아니고, 계속 아픈 것도 아니기 때문이죠. 조금 불편할 뿐, 병이 아니에요.

병이 아니기 때문에 장애인을 불쌍히 여긴다거나 가엾게 생각해서는 안 됩니다. 동정하는 생각이나 행동 역시 차별이니까요. 무조건적인 친절이나 배려도 차별이 될 수 있다는 겁니다. 도움을 원하지 않는데 억지로 돕는 것도 무례한 행동일 수 있어요. 그러니 먼저 의견을 물어보고, 원하는 도움을 주면 됩니다.

마지막으로 주의해야 할 것은 우리가 정말 자주 하는 실수 중 하나인데요. 장애를 가진 사람을 보고 동기 부여를 받으려는 행동입니다. 물론, 긍정적인 영향을 받는 것은 좋아요. 하지만 '장애가 있는데도 그걸 극복하고 훌륭한 일을 해냈네. 저런 사람도 열심히 사는데 나도 힘내서 열심히 살아야겠다'라고 생각하는 건 옳지 못하다는 겁니다. 이런 생각에는 '장애인은 비장애인보다 열등하다'는 전제가 깔려있으니까요.

장애인은 비장애인에게 희망을 주기 위한 존재가 아닙니다. 장애인을 보며 위로를 받거나 희망을 얻으려 하지 마세요. 무언가 업적이 있다면 그 업적만 평가하면 됩니다. '장애를 딛고', '장애를 극복하고' 같은 표현이 차별의 언어가 될 수 있다는 것도, 꼭 기억해주세요.

여러분 혹시 '살색'이라는 말, 들어본 적 있나요?

몇 년 전까지만 해도 살색이라는 단어는 흔하게 쓰였습니다. 크레파스에도, 색연필에도, 스타킹에도 버젓이 '살색'이라고 쓰여 있었죠.

하지만 생각해보세요. 흑인과 백인, 황인의 살색은 모두 다르잖아요. 그런데 우리는 왜 살굿빛이 나는 색만 '살색'

이라고 불렀던 걸까요? 흑인을 기준으로 삼으면 초콜릿색이 살색일 텐데 말이에요.

2005년 기술표준원은 색 명칭을 개편하면서 '살색'을 '살구색'으로 대체해 사용하도록 했는데요. 명칭을 바꾼 것은 '특정 색상을 살색으로 부르는 것은 헌법 제11조의 평등권을 침해할 소지가 있다'라는 이유에서였습니다. 특정 인종의 피부색을 살색이라고 표기하는 것 자체가 차별이라고 본 것이죠.

피부색에 따른 다른 인종뿐 아니라, 다른 문화와 종교 역시 존중해야 합니다.

우리나라에서 한복을 입고, 김치를 먹고, 제사를 지내는 풍습이 있는 것처럼, 다른 나라에도 모두 그들만의 문화가 있습니다. 또, 우리나라는 다양한 종교를 인정하기 때문에 율법에 엄격하지 않지만, 종교가 곧 법이기에 율법을 아주 중요하게 여기는 나라도 있어요.

이슬람을 믿는 무슬림은 돼지고기를 먹지 않고, 『코란』이라는 이슬람교 경전에 따라 생활합니다. 힌두교가 국교인 나라에서는 소를 신성하게 생각하기 때문에 소고기를 먹지 않습니다.

이렇듯 문화와 종교에 따라 사람들이 사는 방식은 모두 다른데요. 그들의 문화가 우리에게 피해를 주는 것이 아니라면, 반대하거나 나쁘게 볼 이유가 없습니다.

그런데도 이방인을 무조건 기피하고 혐오하는 이른바 '제노포비아Xenophobia'가 자꾸 퍼지고 있습니다. 제노포비아란, 낯선 사람을 뜻하는 그리스어 '제노스'와 공포를 뜻하는 '포비아'의 합성어인데요. 이것은 단순히 외국인을 혐오하는 것만 의미하지는 않습니다. '국가와 민족, 문화 등 동질성을 가진 집단 내에 외부인이 들어오는 것을 꺼리는 모든 현상'을 의미한다고 보면 되는데요.

우리가 다른 인종, 다른 문화를 혐오하거나 무시한다면 우리 역시 똑같은 처지에 놓일 수 있습니다. 혐오는 부메랑처럼 다시 돌아오니까요. 인종이나 문화, 종교에 대한 편견을 버리고 '사람' 그 자체만 보려는 노력이 필요하겠습니다.

젠더 문제도 마찬가지겠죠? 남자와 여자, 성 소수자. 서로 외모와 가치관이 다를 뿐입니다. 서로 존중하는 마음을 가지고 각자의 성적 자기 결정권을 인정해줘야 모두가 행복한 사회를 만들 수 있습니다. 익명성에 기대어 온라인에서 혐오의 댓글을 단다든가, 성희롱하는 행동을 멈추세요. 내가 쓴 짧은 문장 때문에 모니터 너머 누군가는 상처를 받고 목숨을 끊는 일도 발생합니다.

지금까지 우리는 다양한 사람들을 만나보았습니다. 모두 다른 모습과 다른 생각을 하고 있지만, 전부 존중받아야 하는 사람이라는 것은 분명합니다. 우리는 태어날 때부터 존중받아야 하고 평등할 권리가 있습니다. 혐오와 차별 없는 건강한 세상은 여러분이 만들 수 있습니다. 어렵지 않아요.

그리고 꼭 기억하세요.
'다른 사람'은 있어도, '틀린 사람'은 없다는 사실을요!

다른 사람은 있어도, 틀린 사람은 없어!

초판 1쇄 찍은날 2020년 2월 29일
초판 3쇄 펴낸날 2021년 4월 06일

글 김윤정
일러스트 권기현

펴낸이 박성신
펴낸곳 도서출판 쉼
등록번호 제406-2015-000091호
주소 경기도 파주시 문발로115, 세종벤처타운 304호
대표전화 031-955-8201
팩스 031-955-8203
전자우편 8200rd@naver.com

ISBN 979-11-87580-41-6 (43330)